EXTRAITS

DES

JOURNAUX ET REVUES

QUI ONT RENDU COMPTE

DE

L'ALGÉRIE EN 1865

PAR

LE MARQUIS DE COSENTINO

PARIS

IMPRIMERIE ADMINISTRATIVE DE PAUL DUPONT,

RUE DE GRENELLE-SAINT-HONORÉ, 45.

—

1866

PRÉFACE

DEUXIÈME ÉDITION.

En donnant la deuxième édition de ce livre, j'aurais voulu joindre un renseignement d'une grande utilité et qui semble tout à fait manquer dans les ouvrages publiés jusqu'à ce moment. Entre autres questions importantes que soulève la doctrine de la colonisation, il y a lieu d'examiner si l'émigration doit être entièrement abandonnée à la liberté, au principe du *laissez faire, laissez passer*, ou si, au contraire, il ne faudrait pas que l'État intervînt dans le recrutement et le choix des émigrants.

Sans contredit, cette grave question, qui divise tant les économistes de France et d'Allemagne, ne peut pas être seulement traitée *à priori* et d'après la spéculation théorique; il est nécessaire, avant tout, pour la résoudre, de consulter l'expérience; et quel pays, en fait d'expérience coloniale, peut soutenir la comparaison avec l'Angleterre? Or, un voyage d'exploration et

d'étude que je viens de faire en ce grand pays m'a permis de trouver, sur cette question de l'intervention de
l'État en matière de colonisation, des documents, des
résultats authentiques, qui, selon moi, ne laissent plus
le moindre doute sur cette matière si controversée
parmi les théoriciens. Je me disposais à faire profiter
le public français de mes recherches et à lui donner cet
ensemble de renseignements inconnus à peu près et
pleins de révélations inattendues, lorsque j'ai pensé
qu'il valait mieux faire de cet ensemble de renseignements un ouvrage à part.

Mais si je crois devoir ajourner une exposition qui
ne peut manquer d'être fort avantageuse pour le public français, je ne saurais me dispenser de manifester
ici la reconnaissance que je dois à plusieurs écrivains
pour l'attention si bienveillante qu'ils ont accordée à
mon livre l'*Algérie en* 1865.

Je suis arrivé en ce pays sans aucune relation avec
le monde parisien ; cependant j'ai trouvé partout un
accès facile ; mon nom a été répété avec bienveillance
dans plusieurs journaux de couleur différente, malgré
les vives préoccupations du moment (1) ; bien des so-

(1) A ce propos, nous nous permettrons de publier la lettre suivante :

Paris, 20 juin 1865.

Monsieur le marquis,

Je viens de lire votre livre. J'ai à vous offrir des félicitations et des

ciétés savantes m'ont invité à m'asseoir parmi leurs membres. Ce qui m'a surtout touché, ce sont les regrets. Vous avez su renouveler un sujet que je croyais épuisé ; vous l'avez renouvelé en l'agrandissant et le complétant. Vous savez tout voir et tout faire comprendre. Vous n'êtes pas un des systèmes qui se sont disputé l'Algérie ; vous êtes l'étude et la raison, vous jugez sainement tous les systèmes, vous tirez la conclusion de toutes les expériences. En vous suivant dans vos savantes et lumineuses expositions, je me demandais : Où est l'étranger ? Je ne trouve en vous que le *méditerranéen*, l'homme de l'antique civilisation dont nous sommes tous les fils, nous les hommes du vieux monde latin. Mais pourquoi faut-il qu'un livre d'une valeur si haute tombe en France juste au moment où tous les esprits sont dans l'attente de ce que l'Empereur va dire au retour de l'Algérie ? Certes, personne ne se méfie de l'inspiration héroïque et nationale de l'Empereur Napoléon III ; n'est-ce pas lui qui a décrété et fait exécuter si heureusement cette nécessaire expédition de Kabylie dont n'avait pas voulu, malgré le maréchal Bugeaud, tout le gouvernement parlementaire du roi Louis-Philippe? Mais vous ne savez peut-être pas, vous qui n'êtes pas en France depuis 1830, que l'Algérie est une conquête de l'opinion publique sur les Arabes les plus habiles, ceux du monde officiel. L'habitude est prise : toutes les fois que le Pouvoir va parler de l'Algérie, on se méfie, on est inquiet. Même sans se méfier ou s'inquiéter des dispositions du Pouvoir actuel, l'opinion publique aujourd'hui ne manque pas d'être curieuse outre mesure ; quoiqu'on puisse dire au sujet de l'Algérie, elle n'écoutera, elle n'entendra qu'une voix, celle de l'Empereur. Prenez-en d'avance votre parti, monsieur le marquis ; n'espérez pas pour votre livre un accueil populaire. Vous passerez inaperçu au milieu de la foule ardemment attentive autour d'un unique orateur. Pourquoi votre livre n'a-t-il point paru quelques mois plus tôt ?... Mais à défaut de la foule et des succès que seule elle sait faire, vous pouvez compter sur l'estime et l'adhésion du petit nombre de ceux qui sont en état d'apprécier une pensée élevée, ingénieuse, fortifiée par l'étude et l'observation, dirigée, animée par l'amour du bien public. Je voudrais avoir le droit de me placer au premier rang de ceux qui vous assistent le plus chaleureusement de leur vive approbation et de leur cordiale sympathie.

Veuillez bien agréer, etc.   Rapetti.

lettres particulières que m'ont fait l'honneur de m'adresser des personnages éminents par leur illustration scientifique, comme par leur position dans l'État.

Loin de moi la présomptueuse idée d'avoir mérité de pareils témoignages d'approbation ; je ne suis convaincu que de l'indulgence et de la courtoisie du public français. Il en est qui ne craignent pas d'avancer qu'*en France on n'estime rien de ce qui vient de l'étranger :* j'ai l'avantage de pouvoir m'inscrire en faux contre cette fâcheuse allégation.

C'est pour cela que je reproduis ci-après quelques-uns des articles dont mon livre a été l'objet dans les revues et feuilles périodiques de France. Je regrette de ne pouvoir pas citer tous les témoignages de sympathie dont j'ai été honoré ; mais ceux dont je ne rapporterai pas les marques d'approbation, qu'ils ont bien voulu m'accorder, ne se méprendront pas, je l'espère, sur le motif de ma réserve.

Paris, le 30 mars 1866.

EXTRAITS

DES

JOURNAUX ET REVUES

QUI ONT RENDU COMPTE

DE

L'ALGÉRIE EN 1865.

JOURNAL DE RENNES.

(Rennes, 16 juin 1865.)

« Les questions algériennes sont à l'ordre du jour ; mais bien peu de personnes en parlent avec compétence. Nous ne saurions nous dispenser de signaler l'apparition d'un livre sur cette matière : l'*Algérie en* 1865. L'auteur est, non pas un Français, mais un émigré napolitain, plus pratique et plus studieux que la plupart de ses compatriotes, M. *le marquis de Cosentino.* Ancien préfet de Gaëte, où le roi François II le retrouva, lorsque tant d'autres serviteurs s'éclipsaient, M. de Cosentino est un des très-rares administrateurs italiens qui se soient occupés des questions de colonisation. Il traite longuement, et avec des idées très-justes, des intérêts de notre Algérie. Sa conclusion, justifiée surabondamment par une série de faits, d'observations et de raisonnements, c'est que l'émigration européenne est indispensable à notre colonie, et qu'il faut se hâter de favoriser cette émigration vers la France africaine.

A peine cette brochure importante est-elle en vente, que déjà elle attire l'attention des hommes compétents et des personnages les plus élevés. »

BART : POCQUET.

GAZETTE DE FRANCE.

(Paris, 20 juin 1865).

« Depuis longtemps l'Algérie n'avait pris une si large place dans les préoccupations publiques. La sollicitude officielle paraît s'être sérieusement émue des plaintes de la colonie, et le voyage de l'Empereur peut sans doute être regardé comme un commencement de satisfaction accordée à des besoins jusqu'ici trop négligés. Il est incontestable que les trente-cinq ans écoulés depuis la conquête n'ont pas été aussi utilement employés qu'ils auraient pu l'être au développement de la prospérité de cette seconde France, et que, si quelque chose a été fait, il reste beaucoup plus à faire encore. Maintenant, l'administration supérieure de la métropole a-t-elle des vues bien arrêtées? A-t-on des idées nettes, des projets précis à mettre au service du bon vouloir dont on semble animé?

« Nous l'espérons, mais nous ne le savons pas. Un sénatus-consulte se prépare, assure-t-on, pour l'Algérie; il est attendu avec impatience par les colons et par tous ceux qui ont à cœur de voir féconder un sol si glorieusement ensemencé par le sang français. Le chef de l'État, avons-nous encore ouï dire, fait mettre en ordre et se dispose à livrer à la publicité les notes et les observations recueillies dans son voyage; il sera temps de les apprécier quand elles tomberont dans le domaine de la discussion. Pour le moment, ce que nous avons de mieux à faire, c'est de mettre en lumière tous les documents qui peuvent aider à la solution d'un problème national.

« A cette fin, nous devons signaler à l'attention des hommes compétents un écrit considérable qui paraît sous ce titre : *L'Algérie en 1865*. Il est signé d'un nom étranger ; ce n'est pas une raison pour en contester l'autorité. M. *le marquis de Cosentino*, l'auteur, est un ancien préfet de Mola de Gaëte, administrateur éclairé, membre de plusieurs académies scientifiques. Le roi François II le trouva à son poste, lorsque tant d'autres fonctionnaires s'empressaient de disparaître. Quand les événements, interrompant sa carrière, l'amenèrent à Rome, il s'y adonna aux études économiques, et nous connaissons de lui un mémoire sur les eaux de Rome et sur l'agriculture dans les États pontificaux. L'auteur nous prouve aujourd'hui qu'émigration n'est pas toujours synonyme d'oisiveté ; et il met au jour un travail fort solide sur la colonisation algérienne, matière qui semble lui être familière.

« Ce n'est pas un compte rendu que nous faisons ici de la publication de M. le marquis de Cosentino. Nous laissons de côté toute la partie historique, et nous nous contentons de dire en passant que les causes qui ont paralysé ou ralenti les progrès de la colonisation y sont très-judicieusement exposées. Nous allons de suite à la conclusion. Or, cette conclusion formulée dans une idée pratique, c'est la nécessité d'appeler l'immigration européenne en Algérie.

« L'immigration européenne, tel est aussi, à nos yeux, le meilleur moyen de vivifier l'Algérie. Personne, assurément, ne niera que toutes les secousses éprouvées jusqu'ici dans la colonie ne fussent produites par l'élément indigène ; de là, la nécessité, sans persécuter personne, de neutraliser cet élément, en grossissant les forces européennes qui lui font face. Nous savons bien que l'introduction de l'élément européen et chrétien en Afrique n'est pas sans inconvénients, et surtout sans difficultés ; nous n'ignorons pas que plus d'un essai infructueux a été tenté ; mais les gouvernants, comme les simples particuliers, ne sauraient compter sur le succès, sans passer d'abord par des épreuves et des échecs ; le mérite d'une administration intelligente consiste surtout à choisir l'heure et à régler la mesure de l'emploi des moyens colonisateurs. Quels que soient les déboires qu'on ait pu rencontrer, il faut toujours en revenir à ce fait constant, éclatant, que tout ce qui s'est opéré de bien en Algérie a été accompli par l'élément européen, et ce fait doit servir de règle à la politique de la métropole dans les mesures nouvelles qu'elle prépare pour activer le développement de la prospérité morale et matérielle dans la colonie.

« L'immigration volontaire sera-t-elle entreprise pour le compte du gouvernement lui-même ou confiée à des compagnies ? Nous ne voulons pas nous prononcer aujourd'hui pour l'un de ces deux modes plutôt que pour l'autre; l'expérience doit décider lequel mérite la préférence. Il nous suffit d'avoir dégagé du travail de **M.** de Cosentino l'idée principale, qui est celle de l'immigration européenne à recruter et d'avoir indiqué à qui de droit cette idée si sage et si opportune ; la solution est en d'autres mains que les nôtres.

« Charles GARNIER. »

REVUE DES DEUX-MONDES

(1er *juillet* 1865.)

« Cette étude remarquable et substantielle sur la colonisation de l'Algérie est due au *marquis de Cosentino*, l'un des serviteurs les plus dévoués de l'ancien roi de Naples, celui qui a suivi ce prince jusque dans la forteresse de Gaëte. M. de Cosentino recherche et caractérise les obstacles permanents qui arrêtent l'immigration volontaire en Algérie : le fanatisme musulman, les préjugés que l'on conserve en Europe sur l'insalubrité du sol et du climat, l'intérêt des compagnies d'émigration lointaines à détourner les colons de la côte d'Afrique. L'auteur nous donne à ce sujet des aperçus très-vrais et très-curieux. Sa conclusion couronne bien un livre qui a sérieusement attiré l'attention des économistes et des publicistes, non-seulement en France, mais à l'étranger.

REVUE DU MONDE COLONIAL

(1er *juillet* 1865.)

« Après avoir occupé dans le royaume de Naples, sous la dynastie des Bourbons, une haute position, un étranger qui porte un des beaux noms de l'Italie méridionale, retiré en France, s'y livre aux travaux les plus élevés de la philosophie et de la politique ; il se prend d'intérêt pour les questions qui occupent son pays d'adoption ; il les étudie d'une manière toute désintéressée, réunit en un volume le résultat de ses observations, de ses réflexions et de son expérience, et le soumet au jugement de l'opinion : tel est le livre annoncé ci-dessus et dont cette *Revue* ne peut manquer de rendre compte.

« Que de livres dont l'Algérie a été le sujet ! Nous ne nous en plaignons pas, car si, bien souvent, ces livres ne semblent que les échos répercutés d'une même impression, d'un même jugement, ils constituent cependant la voix imposante de l'opinion publique. Mais il faut aussi que cette opinion s'alimente de vues nouvelles, de considérations originales déduites par des esprits qui pensent par eux-mêmes. Les écrits de cet ordre sont rares. Nous n'hésitons pas à ranger parmi eux l'ouvrage de M. *le marquis de Cosentino*. Sa qualité même d'étranger, en le préservant des idées et appréciations reçues et ayant cours, lui vaut une indépendance d'esprit précieuse. Rarement les causes du malaise de la colonie algérienne et les meilleurs remèdes pour les surmonter ont été mieux touchés.

« Nous allons en trouver la preuve.

« L'ouvrage se divise en trois chapitres, le premier consacré à l'esquisse historique de la colonisation jusqu'à ces derniers temps. C'est déjà l'exposé des erreurs commises, des essais infructueux, des tâtonnements en face des difficultés qu'il faut absolument résoudre. Nous recommandons ce chapitre, parce que le souvenir des débuts de notre occupation est déjà effacé aujourd'hui pour bien des personnes ; comme on n'apprend guère l'histoire contemporaine, les hommes du temps présent qui n'était pas en âge de suivre les événements des premières années du règne de Louis-Philippe, sont, en général, peu au fait de cette période très-intéressante à revoir actuellement avec l'expérience acquise.

« Quels obstacles arrêtent en Algérie l'immigration volontaire, qui serait et qui doit être le but et le salut tout à la fois de la colonie? Le second chapitre a pour objet de répondre à cette question ; et, parmi les causes indiquées, il en est une, la principale, que l'auteur met en lumière avec une précision et une force véritablement originale, savoir : l'intérêt de spéculation des compagnies d'émigration à recruter pour les contrées lointaines, et la politique jalouse des puissances allemandes qui les porte aussi à détourner de l'Algérie toute immigration.

« Les conclusions de l'ouvrage sont déduites dans un dernier chapitre intitulé : *La colonisation possible en Algérie en 1865. Nécessité d'un nouveau système d'immigration.*

« D'une part, il faut absolument que de nouveaux

colons soient attirés en Algérie par les appels réitérés du gouvernement, prenant d'abord en main lui-même la direction de l'immigration algérienne. En second lieu, il n'est pas moins indispensable que ce premier flot d'arrivants se trouve à son gré dans la colonie : la satisfaction des nouveaux venus suffira à en amener bien d'autres, c'est un fait d'expérience. Que faut-il donc pour que les immigrants soient satisfaits?

« Il est nécessaire qu'ils soient reçus, au débarquer, par une *direction spéciale de colonisation* placée auprès du gouvernement local, empressée, expéditive et secourable ; que, trouvant des terres à acheter, ils ne soient plus astreints à grouper leurs habitations en villages, mais qu'ils aient la liberté d'en choisir l'emplacement à leur guise, etc., etc.

« Il y a des milliers d'aspects divers dans la question algérienne ; mais cette question même se résume tout entière dans la recherche des meilleurs moyens de faire affluer l'émigration européenne en Algérie. Nul ne l'a mieux compris que M. le marquis de Cosentino.

« A. Noirot. »

———

L'UNION.

(Paris, 6 juillet 1865.)

« Les intérêts de l'Algérie nous touchent au cœur ; c'est le domaine privilégié de notre patriotisme, c'est la dernière gloire de la maison de Bourbon, c'est un trésor pour la France. Aussi, tout ce qu'on fait, tout ce qu'on tente pour l'Algérie est sûr de notre vive sympathie.

« Ne fussions-nous point parfaitement d'accord sur l'excellence des moyens proposés, dussions-nous proposer des réserves sur l'exécution, l'intention et le but ont un grand prix à nos yeux et nous leur rendons un hommage sincère et empressé.

« A combien plus forte raison devons-nous nous montrer favorables à des opinions où nous retrouvons presque toutes les nôtres, à des conceptions qui sortent de l'intelligence, de l'expérience, du dévouement d'esprits généreux, partisans de notre cause et défenseurs de nos principes?

« C'est ce qui nous arrive, et nous en sommes heureux, pour un écrit fort important intitulé : L'ALGÉRIE EN 1865 ; et pour son habile et savant auteur, le *marquis de Cosentino.*

« Un mot de l'auteur, si on veut bien le permettre, ce sera déjà une recommandation pour le livre. M. de Cosentino est Napolitain, de ces fidèles et courageux serviteurs de la monarchie qui n'ont pas hésité à couronner par l'exil toute une vie de dévouement. *Intendant de province,* il suivit spontanément à Gaëte le couple héroïque qui a fait de ce rocher le piédestal d'une indestructible gloire. C'est entre ses mains que dut être centralisée l'admininistration des pays que la trahison n'avait pas livrés encore à l'étranger. Il ne sortit de la forteresse en ruines que sur les pas de son auguste maître, qui emportait dans les plis de son drapeau l'honneur et l'indépendance de sa patrie. Aujourd'hui, résidant en France, il s'est senti entraîné à faire profiter notre Algérie des connaissances que son expérience dans les questions de colonisation lui a acquises.

« M. de Cosentino est, comme nous, convaincu de la prospérité prochaine et facile de notre « France africaine ». Comme nous, il estime que, pour la procurer, cette prospérité, il suffit résolûment de le vouloir. Il ne dissimule point les fautes et les négligences qui, depuis trente-cinq ans, ont arrêté le développement de la colonisation, et il les juge avec la justice d'un économiste tempérée par la bienveillance d'un hôte.

« A ce propos, nous devons louer ici la connaissance parfaite que M. de Cosentino possède des annales de la colonisation : mérite assez rare, même parmi nous, et singulièrement digne de remarque chez un étranger. Le chapitre qui résume les trois périodes de 1830 à 1841, de 1841 à 1851, de 1851 à 1865, est écrit avec une sûreté d'études qui font le plus grand honneur à l'auteur.

« Après les faits, M. de Cosentino s'en prend de front aux obstacles ; il n'en nie aucun, il les aborde tous, et nul ne l'effraie ni ne le fait reculer. Certainement, le fanatisme musulman et le décret du 17 juillet 1864 ont arrêté l'immigration volontaire des colons. Plus encore s'y opposent l'ignorance de la fertilité du sol algérien et les préjugés sur l'insalubrité du climat. Il faut ensuite faire entrer en ligne de compte l'intérêt des compagnies d'émigration à recruter des émigrants pour des contrées plus lointaines et l'intérêt politique des puissances européennes à écarter leurs émigrants d'un pays qui nous appartient. C'est là ce que démontre aisément, et d'une manière saisissante, le savant publiciste ; et, en même temps, il prouve avec autant de force et de conviction, combien ces difficultés doivent être intrépidement abordées et vaincues.

« M. de Cosentino ne dissimule pas les tentatives déjà faites : il les apprécie, il en démêle avec impartialité le fort et le faible. En définitive, le résultat est peu considérable et très-insuffisant. De meilleurs moyens sont-ils possibles à employer, et quels sont ces moyens?

« Ici, on n'attend pas de nous une discussion de détail : ce sont seulement des principes que nous entendons poser. Parmi ces principes, nous sommes particulièrement d'accord avec M. de Cosentino sur les suivants : c'est « l'immigration », et l'immigration des Européens, des Français notamment, qui doit transformer, et, comme on l'a dit, « inonder » le sol africain. Il faut que cette immigration soit composée, non du rebut ou de la lie de la population, mais du choix et de l'élite.— C'est l'agriculture, et l'agriculture par des fermes successivement agglomérées et formant des villages ruraux, qui doit surtout être favorisée. — Sans nuire à la liberté individuelle ou collective, la colonisation étant un intérêt d'État, doit recevoir de l'État des encouragements, une impulsion que seul il peut lui donner aujourd'hui. Notons, à ce propos, un bel hommage rendu au génie de Colbert, dont les inspirations ont été empruntées avec succès par l'Angleterre, tandis que nous négligeons trop de nous y rapporter.

« En conséquence de ces principes, l'État devrait

accorder des avantages et des faveurs à l'immigration française et européenne. La grande affaire, c'est de rendre notre terre d'Afrique civilisée, chrétienne et nationale : on n'y arrivera qu'en la couvrant d'émigrants dignes de cette mission, qui fertiliseront ses vastes espaces et reconquerront pied à pied, par la culture, des contrées autrefois si fertiles qu'elles étaient le grenier de Rome, et qui ont été rendues désertes et stériles par la barbarie de l'islamisme.

« Peu d'ouvrages nous paraissent plus propres à convaincre de la nécessité, de la possibilité, des avantages d'un tel dessein, que celui de M. de Cosentino. Sa lecture, outre les connaissances spéciales qui étaient indispensables, est rendue très-agréable par la netteté et l'élégance du style, comme elle est profondément instructive par l'étendue et l'érudition sobre et sûre qu'elle trahit à chaque page,

« Nous sommes vraiment étonnés, — et le public en sera frappé plus que nous encore, — de l'aisance et du charme avec lequel M. de Cosentino se sert de notre langue. Sa science nous est connue, et le rang qu'il tient dans les académies de Rome en est le garant comme la récompense. Mais, écrire avec une facilité aussi dégagée et aussi distinguée dans un idiome qui n'est pas le sien, nous semble une qualité particulièrement digne d'éloges.

« Les questions de colonisation algérienne sont, grâce à Dieu ! tout à l'ordre du jour. Quiconque y porte intérêt ne peut se dispenser d'accorder la plus sérieuse et la plus favorable attention à l'excellent écrit du noble

Napolitain. Nous voudrions pouvoir y contribuer par nos sympathies.

« Henry de RIANCEY. »

LE NORD (8 *juillet* 1865).

(*Paris*, 6 *juillet* 1865.)

CORRESPONDANCE.

« L'Algérie, grâce à la brochure impériale, au rapport de M. Delangle et aux discussions de la Chambre à peine closes, étant toujours la grande préoccupation du moment, je crois ne pouvoir mieux répondre sur ce point aux exigences de l'actualité, cette loi suprême du journalisme, qu'en signalant à vos lecteurs un excellent ouvrage que vient de publier, sur notre colonie, un noble étranger, M. *le marquis de Cosentino*, qui, après avoir occupé une haute position dans l'ancien royaume de Naples, consacre aujourd'hui entièrement à l'étude les loisirs que lui a faits la politique.

« *L'Algérie en* 1865 — tel est le titre de ce livre — a été remarqué, à juste titre, par nos principaux économistes et publicistes, entre autres par MM. Michel Chevalier et Charles Dupin (1), qui ne lui ont pas mar-

(1) Puisque *le Nord* a bien voulu mentionner ces lettres de deux notabilités de la science et de la politique, nous croyons devoir les reproduire ici :

Paris, le 23 juin 1865.

Monsieur,

Je vous suis fort obligé de votre volume, que j'ai lu avec plaisir et profit. Je l'ai recommandé à M. Albert Petit, qui traite au *Journal des Débats*

chandé les éloges qu'il mérite. La pensée de l'auteur est toute pratique. Après une brève et très-impartiale appréciation des essais de colonisation tentés en Afrique, de 1830 à 1863, M. le marquis de Cosentino examine les causes qui ont frappé de stérilité en Algérie tous les efforts de la France. Le plus grave obstacle, selon lui, vient de l'intérêt des compagnies d'émigration, ainsi que des puissances allemandes, à détourner vers les pays lointains, vers les deux Amériques et l'Australie, cette multitude indigente, mais pleine d'audace et d'énergie, qui s'en va chaque année chercher l'aisance et la fortune sous un autre ciel.

« Comme l'Algérie est toute voisine de l'Europe et que les frais de traversée des colons sont à la charge du gouvernement français, le génie de la spéculation s'efforce naturellement d'entretenir les préjugés des émigrants au sujet du sol et du climat de notre conquête.

les questions algériennes avec zèle et talent. Permettez que je vous recommande de lui en envoyer un volume (14, *rue de Miromenil*).

Veuillez croire, Monsieur, à ma considération la plus distinguée,

MICHEL CHEVALIER.

Monsieur le Marquis de Cosentino.

Paris, 15 février 1865.

Monsieur le Marquis,

Veuillez agréer mes remerciements pour votre intéressant ouvrage relatif à la colonisation de l'Algérie.

Je me suis empressé de le lire, et je crois qu'il mérite d'être consulté par tous ceux qui s'occupent d'un tel sujet.

J'ai l'honneur, Monsieur le Marquis, de vous saluer avec la plus haute considération,

Baron CHARLES DUPIN.

Monsieur le Marquis de Cosentino.

« Pour développer sérieusement les forces morales et matérielles de l'Algérie, il faut donc commencer par mettre à néant aux yeux des intéressés les fables inventées par les compagnies de transport ; il faut réhabiliter en Europe la France algérienne, offrir aux émigrants un patronage et des garanties efficaces, ce qui serait facile, par l'établissement d'une direction spéciale de colonisation auprès du gouvernement local ; enfin, il faut montrer quelles richesses cette terre toute neuve tient en réserve pour les hommes de bonne volonté.

« Une autre vérité, non moins importante, mise au jour par M. le marquis de Cosentino, c'est qu'il importe de secouer les traditions colonisatrices suivies jusqu'ici. Il ne s'agit pas de débuter en Afrique par de grandes créations agricoles et en y décrétant pour ainsi dire des villages qui soient des centres assignés d'avance à une population rurale. Il y a un système meilleur et plus sûr, c'est de couvrir d'abord le territoire à coloniser de fermes disséminées, susceptibles au besoin de résister comme des forteresses aux insurrections indigènes et qui, habituant facilement le colon à la vie des champs, formeront peu à peu par leur réunion des hameaux et des villages. Voilà des aperçus féconds, des données positives, qu'il serait bon de mettre à l'épreuve, et le livre de M. Cosentino mérite, à coup sûr, le cas qu'en font chez nous tous les hommes compétents en pareille matière ».

L'OPINION NATIONALE.

(Paris, 14 juillet 1865.)

« M. *le marquis de Consentino*, un descendant d'une vieille famille napolitaine, vient de publier sous ce titre l'*Algérie en* 1865, un livre remarqué à bon droit des principaux économistes et publicistes de notre pays. Cette grave question de la colonisation algérienne, mise sérieusement à l'ordre du jour par le récent voyage de l'Empereur en Afrique, est traitée par l'auteur dans une vue toute pratique.

« Les causes qui ont entravé jusqu'ici le développement matériel et moral de notre conquête sont exposées d'une façon nette et originale. La principale, selon M. le marquis de Consentino, vient des compagnies étrangères d'émigration qui, spéculant sur le transport, ont intérêt à détourner vers les contrées lointaines cette multitude indigente, mais pleine d'audace, qui s'en va chaque année chercher l'aisance ou la fortune sous un autre ciel.

« Il faut donc d'abord réhabiliter la France algérienne en deçà de la Méditerranée et pousser de ce côté le courant de l'émigration. Il importe aussi d'adopter un système nouveau de colonisation. Au lieu de se borner à *décréter* des villages et de grandes créations agricoles, qui n'ont nécessairement, dès le début, qu'une vie factice, il faut couvrir le pays de fermes disséminées, qui se relieront peu à peu les unes aux autres, et, avec le temps, formeront des hameaux, puis des villages.

« Pour les détails et l'explication de ce système, qui appelle de promptes expériences, nous renvoyons le lecteur au livre si substantiel de M. le marquis de Cosentino. »

A. Jouray.

L'ÉCHO D'ORAN.

(Oran, 18 juillet 1865.)

« Le voyage de l'Empereur en Algérie a mis ce pays à la mode et a stimulé le zèle des écrivains ; les uns s'en occupent par des articles de journaux, les autres par des livres, des brochures. Ce revirement prouve la valeur qu'on attache aujourd'hui à cette belle conquête, qui est loin, par la faute des hommes, d'avoir dit son dernier mot. Entre tout ce qui a été publié, nous avons distingué l'œuvre de M. de Cosentino. Sans partager toutes les idées émises dans son livre, nous devons reconnaître qu'il serait à désirer que tous ceux qui daignent s'occuper de nous le fassent aussi consciencieusement ; s'il a commis quelques erreurs, il les a rachetées par d'excellentes vérités.

« M. de Cosentino a divisé son livre en trois chapitres : le premier consiste dans une rapide esquisse de la colonisation européenne depuis la conquête jusqu'à l'époque actuelle se subdivisant en trois périodes : la première (1530-1841) a trait principalement à l'influence exercée par l'Angleterre sur la politique suivie par le gouvernement de Juillet, relativement à l'Algérie.

« La seconde (1841-1851), embrasse tous les projets tentés pour encourager la colonisation. Notons, en passant, que celui voté par l'Assemblée constituante de 1848 paraît à l'auteur un de ceux qui, bien compris, bien exécuté, devait amener les plus heureux résultats ; mais, en historien fidèle, il n'omet pas de signaler l'indifférence, l'apathie des autorités algériennes à l'égard des colonies agricoles de cette époque, ainsi qu'à celui de l'immigration suisse.

« La troisième période (1851-1865) est, aux yeux de M. de Cosentino, le signal d'une ère émancipatrice pour l'Algérie. Il en donne, pour point de départ, la loi du 11 janvier 1851, quoique insuffisante sous plus d'un rapport. L'auteur prétend que tout ce que l'on a fait pendant cette dernière période ne peut manquer d'avoir des avantages réels pour la France africaine ; puis, arrivant à la lettre impériale du 6 février 1863, il la considère comme un grand pas fait pour l'avenir, ce qui cependant ne l'empêche pas de s'écrier :

« La colonisation en est à un point tel qu'il faut désirer, « pendant de longues années encore, une nombreuse « immigration, si vaste est le territoire non cultivé « faute de bras. » L'auteur termine ici le premier chapitre sans dire pourquoi cette immigration n'a pas marché plus rapidement, et à qui la faute doit en incomber. —S'il nous était permis de nous expliquer catégoriquement, nous pourrions peut-être mettre le doigt sur la plaie.

« Le second chapitre embrasse les obstacles permanents qui arrêtent l'essor de l'immigration volontaire en Algérie.

« L'auteur, après avoir examiné succinctement les causes qui s'opposent à la fusion des races, n'a que des éloges à donner aux colons européens pour leur patience, leur intrépidité ; mais, quant au succès qui doit couronner leurs tentatives, il ne connaît pas de meilleure panacée que le décret du 7 juillet 1864 ; pourtant, on en conviendra, en le lisant, les inductions qu'il tire des conséquences de ce décret, pourraient donner matière à discussion. Toutefois, il ajoute, en quelque sorte comme correctif, que ce décret était « une nécessité « transitoire venant peu en aide à la nécessité politique « de détruire les causes occultes des insurrections, et « qu'il entrave la colonisation. »

« Où M. de Cosentino semble être tout à fait dans son élément, c'est lorsqu'il traite de la fécondité du sol algérien ; alors, il rappelle que cette terre a été jadis le grenier de Rome, et, qu'il y a peu de temps encore, sous le premier empire, pendant la guerre d'Espagne (1808), elle alimentait nos armées.

« En outre, M. de Cosentino s'extasie avec raison sur les travaux de nos colons, ces soldats de la pacification du pays. Il cite Boufarik, sur laquelle nous nous réservons de revenir un jour particulièrement, comme un des prodiges de leurs œuvres. Enfin, il ne manque jamais de rendre hommage à leur initiative intelligente.

« M. de Cosentino, dans le cinquième paragraphe du second chapitre, a eu, à nos yeux, un courage que n'ont pas eu ses devanciers. Il y a consigné l'espèce d'interdiction latente que les gouvernements étrangers apportent à l'immigration de leurs nationaux en Algérie. Il est énergique surtout lorsqu'il attaque en face leurs manœuvres déloyales.

« Au troisième chapitre, il s'occupe de la colonisation possible en Algérie en 1865. Son opinion, comme celle de presque tous ceux qui veulent arriver au peuplement immédiat de l'Algérie, est entièrement conforme à celle de M. Michel Chevalier : « Ce qu'il faut pour faire « vraiment de l'Algérie une terre française, une pos- « session qui profite à la France, qui ajoute à sa gran- « deur, à la force de son industrie et à sa puissance « militaire, c'est une forte population européenne. »

« M. de Cosentino examine ensuite avec soin tous les projets de colonisation qui ont vu le jour depuis une vingtaine d'années ; sans en accepter aucun positive- ment, il sait faire ressortir les avantages de tel ou tel, tout en condamnant ce qu'il y trouve de blâmable ou d'impraticable. Quant à sa conclusion, il la formule à peu près en ces termes :

« Il faut à tout prix coloniser l'Algérie.

« Le moyen unique est une forte immigration euro- péenne ;

On a beaucoup trop abusé des théories, surtout au point de vue des intérêts locaux ; jusqu'à présent on a fait fausse route.

« La difficulté la plus sérieuse à vaincre ne provient pas des principes à suivre, mais bien de la direction que l'on saura donner à la colonisation.

« Sans partager en tout point les idées que M. de Co- sentino a réunies dans le livre qu'il vient de mettre au

jour, nous devons lui tenir compte de l'amour véritable qu'il montre pour l'Algérie.

« Il est surtout un mérite qu'on ne saurait lui contester, c'est le soin avec lequel il a relaté les déboires
qui attendent beaucoup d'immigrants de l'autre côté de
l'Atlantique. En cela, il a rendu un éminent service à
la cause algérienne.

« Peut-être devrions-nous lui reprocher dans un sem-
blable travail, appelé à être consulté tous les jours, de
ne pas avoir traité d'une chose essentielle au développement de la colonisation, nous voulons parler de nos
droits de citoyen tels que nous pourrions les exercer
dans la mère-patrie !... Mais peut-être aurait-il cru aller
trop loin et compromettre nos intérêts.

« Somme toute, son livre est utile, agréable à lire,
d'un style concis quoique bien nourri. Nous souhaiterions
vivement que tout ce qui nous vient de la métropole
fût empreint du même esprit. Cela désespérerait ceux
qui veulent la liquidation de l'Algérie quand même.

« Ad. Louis. »

LE MÉMORIAL DIPLOMATIQUE,

(17 septembre 1865.)

« On serait vraiment embarrassé de dire lequel fait ici
plus d'honneur de l'auteur au livre ou du livre à l'auteur ; car, si le premier, par sa valeur propre, mérite
nos meilleurs suffrages, le second, par sa noblesse per-

sonnelle, est digne de la meilleure considération. Je parle, bien entendu, de la noblesse du caractère, qui, chez **M**. *le marquis de Cosentino*, est au moins égale à celle de sa naissance, comme il l'a bien prouvé dans une circonstance où tant d'autres ont fait preuve du contraire! Ancien préfet du royaume de Naples, M. le marquis de Cosentino, quoiqu'il n'eût pas été toujours bien traité par son gouvernement à cause du libéralisme de son esprit cultivé, fut le seul, lui dont l'attachement parfois avait paru tiède, fut le seul, dis-je, parmi les hauts fonctionnaires civils, qui accompagna le roi à Gaëte, et qui, se tenant à ses côtés pendant le danger, ne s'en sépara que lorsque tout dévouement fut devenu inutile à la cause de François II. Mais depuis, éloigné des « régions agitées et pleines d'embûches du pouvoir, » il s'est retiré « dans une vie paisible et indépendante », où il consacre à l'étude les loisirs que lui fait la politique.

« Ils sont certes bien remplis les loisirs dont il naît des livres comme celui que vient de publier M. le marquis de Cosentino. Le succès de l'*Algérie en* 1865 n'est plus à faire ; il a été complet; peu d'écrits sur la colonie française d'Afrique — et vous savez s'il y en a eu beaucoup — ont provoqué à ce point l'attention et obtenu l'approbation unanime des hommes compétents, des Michel Chevalier, des Charles Dupin, etc.; peu d'écrits de ce genre ont eu plus de retentissement et reçu un accueil plus empressé, malgré le prétendu scepticisme de la France à l'endroit de l'Algérie. Il est vrai que celle-ci a donné à la métropole bien des tracas, coûté bien des sacrifices, procuré bien des déceptions ; mais aussi, la métropole n'a pas toujours su faire à propos ces sacrifices ; la plupart ont été insuffisants et mal entendus ; d'un autre côté il y aurait injustice à ne pas tenir compte des obstacles considérables qui ont entravé sans cesse et entravent encore la marche de la colonisation, obstacles créés, soit par la tradition, comme le fanatisme musulman , soit par le préjugé, comme celui de l'insalubrité du climat et de l'infertilité du sol , soit par l'intérêt particulier, comme celui des compagnies chargées de recruter les émigrants pour l'Amérique ; soit par l'intérêt politique, comme celui des autres puissances à détourner de l'Algérie toute émigration.

« Tels sont les graves obstacles que relève avec beaucoup de justesse M. le marquis de Cosentino, et qu'il faudrait d'abord détruire ; ce qui, on en conviendra, ne saurait être l'œuvre d'un jour ; mais, quelle que soit la difficulté d'en venir à bout, celui-là en triomphera peut-être, qui a pris dans sa main puissante les destinées de l'Algérie ; et cette fille de la France, poussée par le souffle vigoureux de son vaste génie, sera bientôt digne de la métropole et de son souverain ; aussi ne saurait-on mieux faire que laisser à son auguste initiative l'œuvre de régénération dont a besoin la colonie algérienne.

« M. le marquis de Cosentino me paraît s'être trompé, en proposant des règles générales de colonisation pour un pays qui, de son propre aveu, est exceptionnel, et doit, par conséquent, être traité exceptionnellement. Le programme de colonisation de M. le marquis de Cosentino, excellent, et éminem-

ment pratique, suppose un pays plus avancé en civilisation que ne l'est et ne le sera de longtemps l'Algérie ; un pays jouissant d'une sécurité plus grande, sinon
d'une sécurité complète ; un pays enfin où le colon
n'ait pas à faire le coup de fusil avec l'indigène.
Quand on dit territoire offert à la colonisation, cela
veut dire territoire où l'on peut travailler et habiter en
plein champ en toute sécurité... Règle absolue : la colonisation normale doit se faire en vue d'une paix assu-
rée et non d'une guerre imminente. » La paix est, en
effet, la condition *sine qua non* de la colonisation telle
que l'entend l'auteur de l'*Algérie en* 1865 ; et telle qu'il
l'entend, ce n'est pas en Algérie, mais plutôt au Mexique, que son application est seulement possible.

« L'exposé seul du programme de M. le marquis de
Cosentino suffira à le démontrer. Ce programme consiste à préférer dans les colonies le système des fermes
et des hameaux au système des villages agricoles, con-
trairement à la pratique suivie jusqu'à ce jour en Algérie. « C'est par la ferme et le hameau que doivent débuter la culture et le peuplement d'un territoire ; la
ferme et le hameau sont la résidence normale des cultivateurs ; le village doit être le siége du commerce, de
l'industrie, des services publics, et nullement d'une population rurale. »

On fait donc fausse route, depuis vingt-deux ans, en
décrétant *a priori* des villages où l'on appelle des colons cultivateurs. A la ferme, le cultivateur est au
milieu de ses terres, à proximité de tout, prêt à tout,
surveillant tout, sans déperdition de temps ni de fati-

gue ; le village, au contraire, est souvent éloigné, il en faut partir le matin dès l'aurore ; il y faut rentrer le soir, harrassé, et laissant jusqu'au lendemain son bien, le fruit de son travail à la merci des maraudeurs. Enfin, dernière raison, et celle-ci plus péremptoire encore que les autres, c'est que par la ferme seulement se constitue la vie agricole. Là seulement le colon s'identifie à sa propriété et s'y voue tout entier, de jour et de nuit, par le bon et par le mauvais temps, au lieu d'aller perdre dans un cabaret de village sa journée, souvent son argent, quelquefois sa raison et toujours son activité. » En voilà, je pense, plus qu'il n'en faut pour justifier la préférence que M. le marquis de Cosentino donne à la ferme et au hameau sur le village en matière de colonisation ; car la colonisation est, selon lui, et doit être avant tout agricole, son objet étant moins la spéculation que la civilisation. Or, « le travail du sol est celui qui moralise le plus l'homme, et c'est celui que les gouvernements doivent le plus encourager ».

« C'est là précisément ce qu'a très-bien compris dès le début le gouvernement actuel du Mexique. Il ne pouvait, en vérité, donner une meilleure preuve de son habileté. Dès lors, je suis assuré que, sous son intelligente impulsion, le Mexique arrivera rapidement à une prospérité dont il renferme en lui tant d'éléments ! Ainsi nous voyons le gouvernement éclairé de ce beau pays, si merveilleusement doué par la nature dans son climat et dans la fertilité de son sol, pousser de toutes ses forces à la colonisation, qui tirera de ses entrailles de grandes richesses, tout en y implantant la civilisation. Il n'y a pas de jour où il ne nous arrive du Mexique un document, lettre-circulaire ou décret, qui ne témoigne hautement de l'importance capitale que l'Empereur attache au développement de la colonisation, réglant d'avance ses droits, déterminant la position des colons, engageant les grands propriétaires à leur affermer les terres qu'ils ne peuvent cultiver, prêt à leur vendre ou concéder lui-même celles de l'État, enfin cherchant par tous moyens d'étendre la culture du sol, c'est-à-dire la véritable colonisation (1).

« Ici tombent et s'évanouissent d'eux-mêmes tous les obstacles qui demandent en Algérie d'incessants efforts ; point de fanatisme musulman à craindre, point d'indigènes à combattre, point de guerre permanente, point de gouvernement militaire ; rien de tout cela : mais une gouvernement civil, protecteur et non tuteur ; un peuple susceptible, il est vrai, et facilement irritable, mais intelgent, d'instinct juste et généreux, de race latine, auquel il ne manque, pour être entièrement au niveau des nations les plus civilisées d'Europe, que quelques éléments d'ordre et de discipline que la colonisation y introduirait infailliblement. Mais il va sans dire que pour atteindre ce but auquel il est éminemment intéressé, le gouvernement ne saurait appeler à lui toute espèce de colons, tels que les ouvriers déclassés d'Europe, paresseux ou prolétaires, amenés par la nécessité et non par le désir du travail, auquel ils sont le plus souvent impropres, ignorants de toute théorie agronomique,

______

(1) Voyez le décret de Chapustepec, en date du 1er août 1865.

n'ayant pratiqué aucune culture et inhabiles même au maniement de la charrue ! Il faut à une colonisation sérieuse des colons sérieux, des cultivateurs ; mais ceux-ci n'émigrent pas aisément, et ce n'est pas trop qu'un gouvernement éclairé comme celui de l'empereur Maximilien les appelle à haute et intelligible voix ; ce n'est qu'à cette condition, sous son patronage, avec sa garantie, que le gouvernement mexicain parviendra à créer un noyau de véritables colons ; et ce sera le jour où il sera à même d'offrir aux acheteurs, d'une main des terres, et de l'autre des colons ; alors, les résultats ne tarderont pas à justifier l'intervention de l'État et même l'emploi des deniers publics en matière de colonisation, que conseille si sagement M. le marquis de Cosentino.

« G. FRANCESCHI. »

www.ingramcontent.com/pod-product-compliance
Lightning Source LLC
Chambersburg PA
CBHW061725060726
47597CB00006B/2563